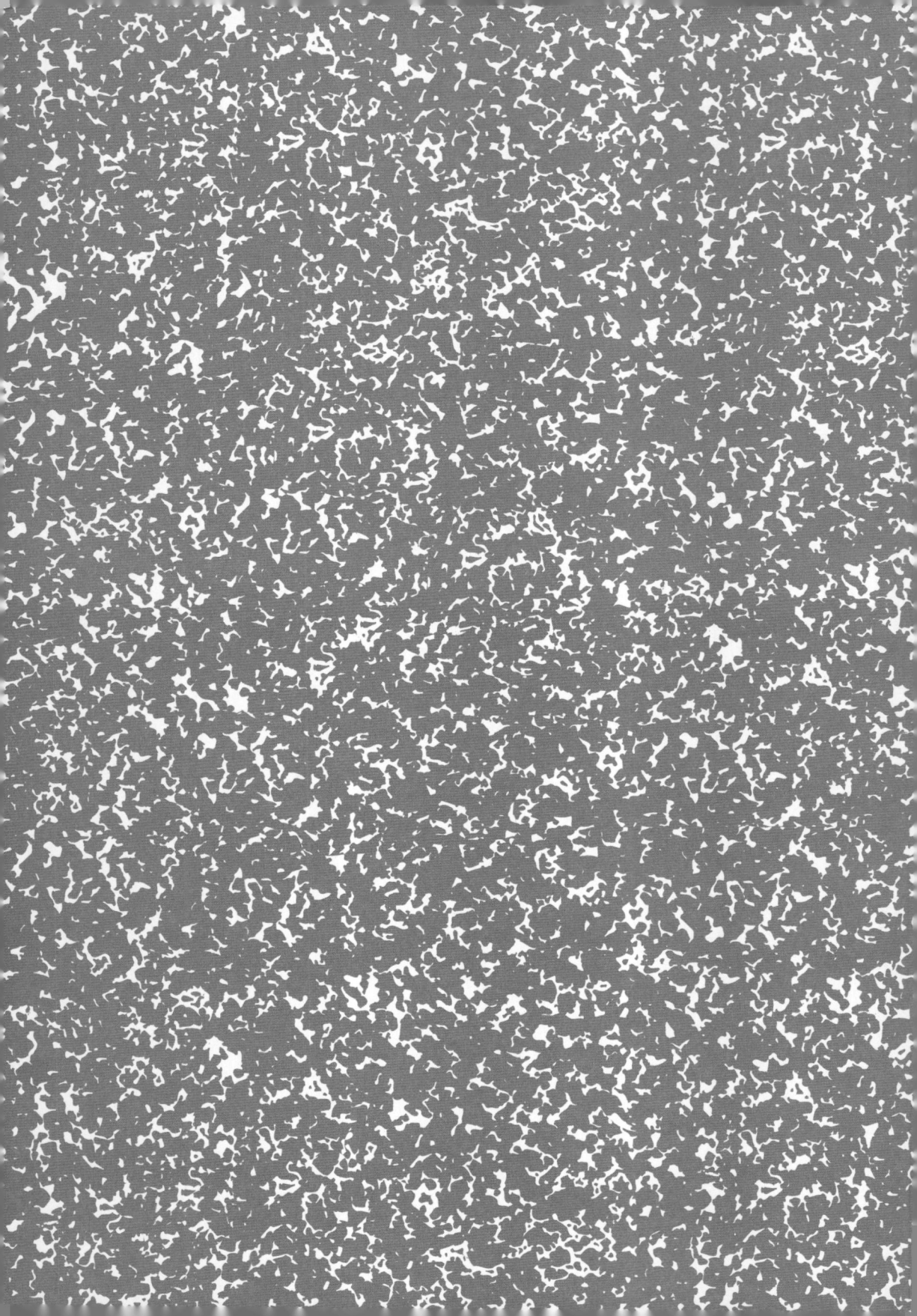

后浪出版公司

642 THINGS TO WRITE ABOUT

642件可写的事

停不下来的创意冒险

美国旧金山写作社 ｜ 著　　　　　　　徐 阳 ｜ 译

（San Francisco Writers' Grotto）

四川文艺出版社

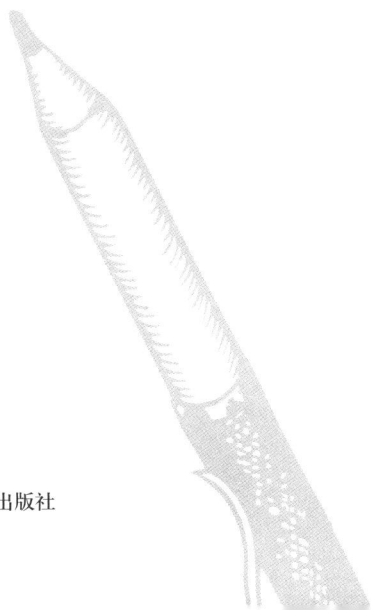

序

本书一日写成，仅用 24 小时完工。没人事先通知，编写这本书也不是我们自己的主意。一位编辑朋友突然来电说："我们编一本《642 件可写的事》吧。"

我的第一反应是："好啊，不过，你不是真的指 642 件吧？是不是用 642 泛指许多？所以也可以叫 238 件事或 187 件事？642 件简直是做梦。"

"好吧，我们可以换个数字，"她说完顿了一下，"不过，我确实想的就是 642 件事，不是概数。"

我一个人可做不到。第二天早上，我给旧金山写作社的同事们发了邮件。那里有 35 位作家，挤在迷宫一般的小办公室和图书馆式的小阅览室里面。我想，要是我们第一天能凑齐一百多条写作创意，那这个项目也许还比较现实。据我估测，要用一个月的时间。

作家们陆续回邮件，好主意一波接一波地涌来，一小时内就收集到了一百条。一天下来，已经有五百条了，晚上好点子依然源源不断地发来。这本书的精彩创意来自 35 位不同作家。第二天中午，我将完成的书稿当面交付编辑。

这是关于潜力的宝贵一课，故在此与你分享。我们永远无法预知会发生什么，找对了思路，一天之内就能做点什么——也许是好开头，也许是全文一挥而就。同时，也不见得要从自己的想法开始，你只需打开创意模式，纵身跃入其中。

你可以实实在在地用上这 642 件事。可以选出其中一条练习，按提示完成；也可以浏览一遍，激发自己的创意，告诉自己还有别人没写过的东西，并不是每个好主意都已有人抢先。能写的事情无穷无尽，你的故事可以沿着无数崭新的方向发展。

波·布朗森（Po Bronson）

旧金山写作社（San Francisco Writers' Grotto）

一秒之内会发生什么。

你尝过最难吃的年菜。

一株盆栽快死了，
告诉它活下去的理由。

编写 6 年后的社交状态。

你是宇航员，描述你的完美一天。

以勒索信开篇写一个故事。

你曾失窃的物品。

多年不见的室友。

一个手持蓝色物品的人此刻在想什么。

描写一个场景，对话部分只有"啊哈""嗯""呃""唔"。

向一位陌生人描述一种深得人心的家庭传统。

描述以下场景：你刚刚低声下气地做了自己不情愿做的事情，朋友想知道原因；
你俩在几乎停满了车的停车场打转，为朋友的超大皮卡货车找车位。

选择一样今后要传给曾孙的小物件，写信向孩子解释为何选了这样东西。

用第三人称描述自己的外貌和性格——就当自己是书中的人物。

描述一件你曾经特别渴望、
到手后却从未用过的东西。

描述一件诞生在未来、
你不知道该怎么用的电子产品。

一场暴风雨摧毁了叔叔的棚屋，
他六岁的儿子丧生。
描述风暴来袭之前的天色。

列出你童年住所附近的树名。

描述以下场景：一名女子刚工作一周就遭解雇，
而一周前竭力劝她接下这项工作的，正是解雇她的人。

写一则背景设置在 1932 年阿根廷的短篇故事，茶杯在其中发挥重要作用。

描述最近一次你无话可说的时刻。是谈话难以继续，还仅仅是因为惊呆了？

高中时期发生什么样的事，会改变你的人生轨迹？

大厨正在准备你前男友的婚礼晚宴，你趴在天窗往下看。

把相互厌恶的两个人一起困在电梯中 12 小时，会发生什么？

你遗失的东西。

你找到的东西。

一个喷嚏。

别人对你说过的最刻薄的话。

描述印象最深刻的 5 次纪念活动，然后选取一件扩展开来。

一个人从大楼的 40 层往下跳，下落经过 28 层时，他听到了电话铃声，后悔自己跳楼了。为什么？

写一写是什么引发了灾难。

朋友来电，称昨天看到你坐在警车后座上。发生了什么？

写一个描述你现实生活中戏剧性时刻的故事。不过，要在其中穿插一个秘密和一个谎言。

罗斯福酒店里的蟑螂。

近来你对爱有何感触。

那位脱口秀主持人。

假如你的生命只剩下一周……

描述一种尚未问世的惊人药物以及它会带来的影响。

要是用流行歌曲概括你生命的每个十年，
你会选哪些歌曲？

描述每位家庭成员，各用一个词。

如果房子着火了，
你会抓起什么就跑？

每次说出来都让你后悔的话。

以这句话开篇写一个场景：我万万没想到那件事是乔做的。

第一个吃牡蛎的人有何感想。

你最超然的一次吃冰激凌体验。

描述一下得意扬扬。

描述自己最恐惧的时刻——双膝战栗，心跳加速，整个人魂不守舍。

你记忆中的第一次见到死亡和最近一次见到有何区别。

评述自己从未写过的小说或回忆录。

我不知道当时发生了什么。

你所在城市百年之内将要发生的变化。

写一个短篇故事，将自己设成反派人物。

困境中否极泰来。

寻找一袋现金。

你希望成为诺贝尔奖得主，
还是摇滚明星？

你对理想宠物的性格设想。

当你明白自己不再是孩子的那一刻。

可能发生的最糟的事。

可能发生的最棒的事。

以 1956 年的底特律为背景，写一个短篇故事，一块汽车地垫在其中发挥关键作用。

一位女士认为自己可能住在孙子家隔壁。

一名正对数千人做演讲的男子突然被指责说谎。

一位穿着某种红色衣物的人正在想什么。

电影中你最爱的时刻。

你最近一餐吃了什么。

选择自己的死亡方式。

假如你不在做手头的事情，你现在会做什么？

用荒诞滑稽的细节，描述去你家的路线。

徒劳之爱——与所有相关者的人生规划都格格不入的亲密关系或姻缘。

你是希腊神祇，位居中层，渴望跻身奥林匹斯高层。
你的权限是？打算怎样利用职权向宙斯和其他神祇证明自己？

列出对你有深刻影响的五项文化活动，然后选取其中一项扩展，文中不要提及自己。

选一个人，思考一下：这个人做过的最困难的决定是什么？

你刚发现自己在夜店丢失了贵重物品（如项链、钱包、手机）。接下来会发生什么？

三明治的美好。

游行。

讨论：平角短裤好还是三角短裤好？

去你的。

描述最近一次尴尬谈话，然后改写，说出当时难以言说的内容。

为麦片盒撰写广告语，吸引人们购买激动人心的新口味。

清洁女工。

等待中。

一对生疏的母子二十多年未联络过，十二月的一天，他们在邮局排队时重逢，怀里抱着要寄送的大包小包。他们会对彼此说什么？

以这句话开篇写一个场景：那是我第一次杀人。

描写如下场景：一位女士和丈夫离开餐馆时，偶遇旧情人。

他们说了什么？或想说什么却没开口？她的肢体语言说明了什么？

和朋友共进晚餐，回来后立即用那位朋友的语气写作，以朋友说的某些话开场。

总统的私人任务清单。

纽约洋基队总经理的私人任务清单。

好莱坞一位大经纪人的私人任务清单。

你童年卧室的三样东西。

你最珍爱的玩具。

你的衣柜里有什么？

描述下一刻听见的声音
以及它是怎样发出的。

选择一个国家，假设它与美国已交战 14 年，以此为背景写一个爱情故事。

一位女战士即将执行赴死的任务。

以某个历史人物视角出发写作，如富兰克林·罗斯福、玛丽莲·梦露或开膛手杰克。

描述你最喜爱的男性身体部位，只许使用动词。

描述你最喜爱的女性身体部位，只许使用动词。

理由通常有三种：告诉他人的理由，告诉自己的理由，真正的理由。请描写三者之间的矛盾。

你正在和朋友共进午餐，中途朋友接到一个电话。仅描述对话中朋友所说内容。

描述自己的坏习惯之一以及从中得到快感的原因。

成年人生气时，有个孩子需要反复做某件事情才能让自己平静下来。
他会做什么？他从哪儿学来的？

以这句话为开篇写一个故事：我质问他，他否认说过那些话。

将改变你生活的一项新发明。

从一片叶子的视角出发，
描述它所在的树。

谁都没对你说过的话。

你父亲开的车。

一个陌生人被迫在你卧室暂住一周。请以此人视角描述你的卧室。

你是私家侦探，跟踪一位出轨的丈夫一个月了。你的客户是位喜怒无常的妻子，向她写一份报告，说明自己一个月来的行动和情报。

你在路边醒来，躺在一辆自行车边上，失去记忆，身无分文。
在接下来的一个小时里，将会发生什么？

以流言蜚语开篇，写一个故事。

夜晚，你的桌子会想什么。

一天，同年级一个和你不太熟的孩子来到你家，说有重要的事要告诉你。
他看起来是什么样子的？说了什么？

你会把店里的什么顺手牵羊带走？

她不为人知的强迫症。

你让某人起死回生，这个人是谁？

化身某位歌手，
在演唱会现场唱一首歌。

为一名演员撰写舞台指导，个中语言从头到尾都在侮辱该演员。

你第一次担心自己的话可能有种族主义倾向。

选一件能代表自己个人特点的物体，描述这件物体。

盛赞你最爱的水果。

详细描述一个你之前绝不乐意刻画的虚构人物，努力避开自己可能感兴趣的类型。

给一位陌生人写匿名信，分享你的人生经验。

你误发了一封邮件，本不该被某人读到。

你接到一个非常令人不安的电话，你希望自己从未接到。

点燃某样东西。

想家时，你最想念的童年处所或物件是什么?

描述家中的一个房间。

你初次撒谎被发现。

你希望自己身在何处。

带来糖果的木匠。

你最喜欢的操场设施。

寻找你一位前任的下落。

你发现自己无意间成了跟踪骚扰者。

你梦到自己谋杀了某人。谋杀的是谁？是怎样发生的？何以至此？随后发生了什么？

十年后，你与一位十年未见的老朋友重逢。描述你们之间的对话。

生活中你最嫉妒的人。

假设你是一名连环杀手，你的录像机列表上有哪些电视节目？为什么？

你感到最可耻的事。

一件令人愧疚的乐事。

舒适。

诚实。

你一直收藏着的东西。

对比人们眼中的你和自己眼中的你。

选择一段自己写得不够生动的文字，改写成一个长句。
一定要让句子向外延伸，别担心长度，让文字尽情流淌。

让两个互有所求的人物共处一室，但谁都不允许直接表达诉求。

给五分钟，让他们用对话达成自己的愿望。

为人物写两段祷告：一段是私下说的，一段公开发表。

你在异国他乡迷路，一个会中文的人都找不到。你该怎么办？怎样寻找方向？

描述一个场景，其中一个人物的行为极其恶劣。

你曾经常做、现在却不再做的事情。

你搬走后将会接替你的房客们。

从殡仪窗口看到的尸体。

写下这样三个名字：阴魂不散纠缠你的死者，喜欢你的人，你不理解的人。
将三者放入同一场景。

约稿未登之补偿稿费。

你最爱的酒。

母亲总是警告你要小心的人。

无法抗拒的诱惑。

以这个句子开篇写一个故事：这是她梦寐以求的。

完成上一则提示的写作后，接着写这个：她在骗人，这才是她梦寐以求的。

选一篇没读过的短故事，读前面的三分之二，然后停下来，续写结尾。

将该句补充完整：我早就想说……

你想从在线购物网站选购什么？为什么？

作家的创作思维停滞是怎样的感觉？

闭上眼睛，在世界地图或地球仪上任选一地，然后描述一个人初来乍到的经历。

去年此时，你在做什么。

意想不到的礼物。

设定清晨三点的闹钟，
醒来后写下想到的第一件事。

介绍一下你假想的老朋友。

打开厨房储物柜，将你最先看到的三件东西融入同一个场景。

假设你是弗兰肯斯坦（Frankenstein，科幻小说《弗兰肯斯坦》的同名主人公），给玛丽·雪莱（Marry Shelley，科幻小说《弗兰肯斯坦》的作者）写一封感谢信，感谢她将你的故事公之于众。

为最近遇见的陌生人写篇短讣告。然后假设此人与孩子关系疏远，以孩子的视角改写。

选一张照片，为镜头之外发生的事情写一个故事。

回忆对你有重大影响的事件，然后描述在该事件之前发生了什么。

描述一次完全在你本人或故事人物意料之外的到访。

告诉 2150 年的史学家，去购物商城是怎样的体验。切记，2150 年可能已经没有购物商城、
电梯、食品超市或现金了。

以此开篇写一封信：向你说这个故事，是因为只有你不会对我评头论足……

描述一个充斥着喧哗和骚动的场景，没有任何寓意。

你该扔却没扔的东西。

描述一位挑逗自己学生的教授。

你最爱的藏身处所。

你想深入了解的事。

今日天空的模样。

妈妈给你的礼物。

写出你从三段不同对话中听到的片段，融入同一段对话，以此开篇写故事。

一天，一个小男孩爬上树，表示除非父母停止办离婚手续，不然他就不下来。
分别以父母双方的视角来描述这件事。

以今天的视角，重写当年的大学申请书，回答最后一问"你还有什么要告诉我们吗？"

用搜索引擎搜索自己的名字，描写最接近你名字但不是你本人的那个条目。

描述你希望自己的外貌有何改变，这将对你的生活产生怎样的影响。

罪犯抢银行时，你是被迫趴在地板上的顾客之一。从你的角度来描述抢劫案。

你最爱的电影。

你最爱的书。

你最爱的引语。

你最爱的树。

研究一位陌生人，回去写一个关于此人母亲的悲剧。

你与母亲的极其相似之处。

做羹汤。

用自己发明的语言写一段话。

选取生活中的某个决定——搬家、工作或感情，
请描述：如果当初做出了另一个选择，你现在的生活将会是怎样？

参加毕业舞会时你穿的是哪套衣服？是怎么得到的？后来它怎么样了？

处于不同人生阶段的三个人（其中一个可以是你）在看自己不该看的东西。

写一封分手信，与如今参军的高中恋人分手。

你就是上一则练习中的收信人，写一封回信。

生活中最近一次让你伤心的事情是什么?

生活中最近一次让你大笑的事情是什么?

描述你最好的朋友。

难闻的气味及其来源。

你最不想做的事情。

她的丈夫的颈背。

你最珍贵的照片。

写一个不希望让母亲读到的性爱场景。

改写上述场景，使其内容能让母亲接受。

像写系列明信片一样，写一段生活。

五件你宁愿母亲没告诉你的事情。

描述天堂。

写一段准备在联合国发言的单口喜剧节目。

你从未告诉过母亲的事。

消失的身体部位。

你单纯为了纪念
而保存的一件衣服。

你最旧的一样东西。

走出去，留心三种明显的声响。抛除一切定式，描述它们实际听起来到底是怎样的。
然后写一个故事，融入这三种声音。

现在是 2100 年，世界淡水资源日渐匮乏。描述一天的日常。

你在一片空地醒来，身着宇航服，躺在一块冲浪板上。发生了什么？

一经暴露就会搅乱一切的秘密。

为你故事中的人物算命，预言他或她的命运。

你家狗狗最近一次梦境。

用"口红""情欲""失去""上锁"这四个词写一个故事。

108

选择一个改变了你生活的文学人物，以其视角写故事。

以孩子的视角，生动描述一段童年回忆。

为某个人物撰写求生指南：紧急情况下需做的十件事。

你是白宫主厨，正在为印度总统准备国宴。你打算做哪些菜，结果如何？

你最爱的电视节目主持人发型。

一年后你的具体位置?

你最爱的牛仔裤。

你最近一次作弊。

众所周知，泰坦尼克号沉没时，交响乐队始终在演奏。以舞厅音乐家的视角，
描述泰坦尼克沉没全过程，包括他们的互动及沉船时的所见、所闻、所感。

你身陷全球最严重的高速堵车，至少两天了，发生了什么？

描述一次去游乐园的经历，重点放在那天体验的颜色、声音、气味和味道上。

你重病卧床三个月，错过了什么？可以外出后，要做的第一件事是什么？

用 10 分钟写一个场景，描述新娘走向新郎所在的圣坛时，新郎在想什么。

如果只能选取保存一生中的一段记忆，
你会选哪一段？

爱的艺术。

你早餐吃了什么。

托托，如果我们不在堪萨斯，
那是在哪儿呢？

（语出《绿野仙踪》，后引申为
到了陌生的地方。——译者注）

讲述一段自己输了争论的经历。

给讨厌的人写封情书。

以"这就是故事发生的那间屋子"这句话结尾，写一个故事。

你不会用一根 3 米长的杆子接触什么东西？为什么？

一位用层层衣服把自己裹得严严实实的怪女孩。

你后悔当初没有问祖父或祖母的 5 件事情。

你是一架巨型喷气式飞机的飞行员，突然意识到可能会坠机。你会对机组成员和乘客说什么？

假如你被关进死囚牢房，今天是第一天，未来 10 年你将在这间狭小的牢房中等死，规划一下自己的生活。

你最近找不到的一件宝贝是什么？描述这段经历，尽可能多地使用以人为主语的句子。
（"我找不到手机。我在沙发下面翻。我给朋友打了电话。"）

用以事物为主语的句子改写上述场景，其中谁都没帮上忙。
（"手机不见了，沙发只翻出了棉絮，打给朋友的电话无人接听。"）

想象某个人物在不同年龄段的经历，分别描述该人物不同年龄段的生活。

独自生活。

宽恕的时刻。

说一个最忧伤的笑话。

人人都有独特的天赋，
写一写你的特殊技能。

描述你的母亲。

你绝不会采用的 5 种小说思路。

描述昨夜的梦境。

你是一位律师，在处理离婚案，唯一有争议的是小狗监护权。替你的客户争取它。

1864 年，你住在亚特兰大，城市陷入火海，你会做什么？
（亚特兰大城在南北战争期间被烧毁。——编者注）

为自己写两段婚恋网站个人简介，一段以见家长成婚为目的，
另一段则努力给人留下热辣性感的印象。

从书籍、电影、戏剧或诗歌中选出最爱的句子或段落，用自己的话改写。

浏览韦氏词典的每日一词网站（www. merriam-webster. com/word-of-the-day），
根据当日词语写一个故事。

你最糟的飞行体验。

你最棒的生日经历。

"垮掉的一代"的特征。

列出你反抗生活的方式。

描述所爱之人的脸庞。

一个男孩试图逗人发笑，却没人买账。

你最爱的露营地出了问题。

阿尔弗雷德·希区柯克（Alfred Hitchcock）说，如果一群人在打扑克，你不知道将会发生什么，那就是神秘；倘若只有你知道扑克桌下有炸弹，那就是悬疑。写一件平庸之事，开头就引入将会改变一切的元素，但只有读者知道。

一个四岁的孩子怕黑，描述孩子的恐惧以及你可能会帮助他克服恐惧的话语或行动。

你是成年人，可你也怕黑。解释为何怕黑是合情合理的，免得朋友嘲笑。

写一段话，尽可能多地融入某人物的生活信息，思考如何通过声音、节奏和重复来实现。

寂静是种怎样的声音？你最近一次听见是在什么时候？它缺了点什么？

描述这段经历：你被逐出家门，不过没有流落街头，而是去了宜家；晚上，你躲在厕所，直到门卫离开。

选取你不敢写的一个生活片段，写出来。

列出自己喜欢的词语，无论是喜欢它的发音、语义还是单纯喜欢其笔画。
从中选取一个，用进某个段落。

你老板的一个梦想。

你童年所住街道上的某个家庭
（你家除外）。

你曾错待朋友的方式。

致编辑的一封信。

描述你自己的《回到未来》（*Back to the Future*）时刻：
描述父母怎样相遇以及那些细节怎样奠定了他们的感情基础、怎样影响了你的到来。

去一家咖啡馆，观察两个人的互动，然后写一个两人在咖啡馆的场景。

热闹的周六晚上，在一家浪漫的咖啡馆，一个男孩单膝下跪准备求婚。
你是体育节目主持人，请为电视观众进行生动的现场直播讲解。

5 件总是给你惹麻烦的事情。

又一起醉酒事件。

假设你是一名住在芝加哥的 53 岁女士，请给圣诞老人写一封信。

钟即便停了，每天还能准两次。以完全不可靠的知情人身份提出忠告，并说服某人接受。

就一首歌写点什么。

描述差点淹死的感觉。

三十年的谎言。

三十元不算多，除非是……

用天马行空、出人意料的比喻、类比和具体描述来写 "上升"。

醒来之前，你睡梦中的大脑在想什么？在关掉闹铃、脑袋将近清醒之前，
它最后的希望、恐惧或承诺是什么？

某天你过得特别糟糕，对世界满腹怨言。

一怒之下，你决定给满教室一腔热情、满怀憧憬的年轻作家最糟糕的写作建议……

醒来后，你有一种莫名的不祥预感，可就是想不出与哪件事相关。

写下当天所有可能引发你恐慌的事情。

你最尴尬的时刻。

在圣特罗佩斯（St. Tropez，法国城市，名人出没的度假地——译者注）的周末。

以教练的身份给一位队员家长写信，解释该队员为何离队。

描写如下场景：主人公被冤枉预谋重大事故。

你是夏令营辅导老师，编一个会让 8 到 10 岁的营员尖叫的故事。

电器坏了，你拨打客服电话。此刻你最想对客服说什么。

完美的犯罪计划——可能会在哪个环节失手。

坐在你身旁的人一天的经历。

偷盗癖者。

盲人的视角。

藕断丝连的分手。

亲人亡故。

你的人物在湖里游泳时没戴眼镜，眯起眼睛，看到水中有个形状向她的方向飘来。
她认为看到了什么？

祖母给你一本书，但你不愿意读，那本书是怎样的？给祖母写一封感谢信，假装自己读过了。

以手的视角，写一个爱情场景。

描述下列场景：一位女士正费劲地把大包裹塞进汽车后备箱，她儿子坐在车里，没出来帮忙。

撰写遗嘱，说清把什么赠予谁，并描述这些年来自己的想法是怎样改变的。

选择一个自己鄙视的人，描述此人全部优点。

某个人怎样救了你一命。

你发现了高祖母写于 1856 年 6 月 16 日的日记，上面写着：

如何引人注意之初级指南。

十周年纪念。

遭遇杀手追杀。

论如何成为企业巨头。

撰写一篇新闻稿，宣告你生命中最重要的时刻，
向公众以及考虑是否要做报道的记者论证此事为什么值得关注。

为你的生活之声——即个性化日常原声带写一篇乐评。

选出你最支持的政治立场，然后有力论证其对立面。

你家猫咪的世界观。

众人都放声大笑，唯独你没笑。

以西红柿为主题，赋诗一首。

你即将在脱口秀节目登台，制片人来到后台，请你给出一个主持人可以重点展开的故事。以独白形式，写下这个即将在全国性电视节目上播出的故事。

选出自己最爱的歌曲，根据歌名写一个故事。

描述你备受某人折磨的情形，竭力让读者认为你完全是无辜的。

改写上述练习中同一事件，让读者认为问题完全在你。哪个版本更可信？

描述你听说过的最大地震。

将你一天之中的两次邂逅关联起来。

还有一个小时。

记者之死。

以某类恐惧症患者的视角，描写此人害怕的体验。例如，害怕飞行的人乘坐飞机，空旷恐惧症患者在牧场迷路，有花生酱恐惧症的人吃花生酱三明治。

你坐下写作时的内心独白。

旧金山巨人队（San Francisco Giants）的每位球员都能指定自己上场时播放的歌曲。
为你自己上场时播放的歌曲填词。

你走进卧室，发现有人在翻你抽屉。

你知道和自己交谈的人正在说谎。是直接质问对方，还是任由他继续编造？

有这样两种人：醉酒者和逃离醉酒者。你是哪一种？

选一个经典童话故事，将背景换作你的家乡，时间改为当代。

你听过的弥天大谎。

牙买加之旅。

如何一夜致富。

砷（砒霜）。

假设你今年 13 岁，给男友写一封情书。

假设你今年 21 岁，给女友写一封情书。

如果与第一任恋人成婚，你现在会身在何方？

设想一个骗人骗己的人物，如果他停止欺骗，会发生什么？

让某人（或你自己）处于暗处，编写随后发生的事情。

你是一位军官，如果有人战死、被俘、受伤、失踪等等，你需要拜访家属告知情况。
请描述其中一个通知场景。

救护车中有两位医护人员在看护一位病人，

病人的生命只剩下约 30 分钟，开到医院至少需要 20 分钟。救护车中会发生什么？

要是有人看到日记的以下这条内容，你想死的心都有。

你有一台时光穿梭机，但只能倒回两天。你希望改变什么？

以克劳德·列维施-特劳斯（Claude Levi-Strass）的名言"我就是事情发生的场域"（I am the place in which something has occurred）开篇，写一个故事。

你是一名尼日利亚邮件诈骗犯，写一封邮件，说服收件人给你两百美元。

一个人正站在公园的临时演讲台上，冲路人大声叫喊着。发生了什么？

选择一个喜爱的地方，
描述其气味。

你的早餐。

怀孕又流产。

遭闪电击。

在床上被怒火中烧的配偶逮个正着，怎样解释让自己摆脱干系？

选取日常生活的某个方面，如去超市购物或汽车加油，然后取消。
如果某个人物不再做这件事了会怎样？他为什么不再做这件事？

"1492 年，哥伦布在蓝色大海扬起风帆"（一首童谣的开头。——译者注）。

为历史事件或学生需记忆的其他重要内容撰写儿歌或口诀。

《时代》杂志刚将你评为"年度人物"，为什么？

在一场喧闹盛大的家庭聚会上，满是喝得醉醺醺的高中生。分别从以下三种视角出发，描述该场景：参加聚会的少年之一，被呼叫到现场的警官，一名少年的家长。

为新入职的同事撰写一篇就职演说。

有一件东西你本该丢弃，但就是舍不得。写出保留它的理由。

在猜物游戏中，你会问哪 10 个问题来判断东西的藏身之地？

正当你自以为知道
她要说什么的时候……

在停车场找到一根骨头。

窗口的算命先生。

死亡就是这样的……

为一位深受喜爱却身陷性丑闻的牧师写一篇布道文。

你在赌场作弊被发现了，向赌场老板解释这其实是一场大误会。

你向精神病医生倾诉自己的日常、生活、希望和恐惧时，他实际上在想什么？

旋转直到头晕站不住，写下第一件浮现在脑海的事情。

将最爱的影片的男女主人公性别对调，然后对情节做出相应调整。

写一件自己完全不了解的事，从头到尾编造。

礼貌的餐桌对话不应包含宗教、政治或金钱相关的话题。

写一个包含上述一个或多个话题的餐桌场景。

为水管服务商写一份朗朗上口的歌词。

写下关于你的代数老师的所有记忆。

看到坐在公园长椅上的老人时，千万别小觑他们的人生。

你在往时光飞船里塞东西,准备埋进后院,五百年后会被人挖出来。写一封附信,描述当今生活。

像拍卖会细目表一般描述某种生活。

老板为何应给你加薪。

你另一半的生活。

好心铺就的地狱之路。

你初访一个陌生国度。

描述一位殡葬承办者与逝者家属的会面。记住，他不仅要安慰家人，
还要出售殡葬一条龙服务，需要了解逝者和生者的基本信息。

为这对新人撰写婚誓：35 岁的新娘，初次成婚；48 岁的新郎，第三次结婚。

选一个独裁者，假想他的某个早上或生活中某一天，
以平常小事为重点进行描述（如消化、睡觉、清洁口腔）。

你曾单恋的对象。

写一篇乐评，不能提及其他乐队、音乐家或音乐类型，但可提及除此之外的事情。

描述想达到性高潮却无法实现的经历。

走到一位陌生人跟前，作自我介绍，请对方告诉你一件从未告诉过其他人的事情，记下你的发现。

你为何写作。

在巴黎的那天。

别人不了解你的地方。

你的第一次打架。

选一处令人感到无助不安的地方，将你自己或人物放进去。

为一位最近陷入丑闻的公众人物撰写公开致歉信，替代公关人员写好的那封。

观察一群人做同一件事——如进地铁车厢、找座位。
用一两句话描述每个人，每句话使用不同的动词。

你突然可以听见每个人的内心活动，听到他们对你的看法后，你深感震惊。写出他们的想法。

写一个故事，仅描述双手，通过对这双手的外观特征及相关活动、姿势、小动作等描写来说明这双手是谁的。

选出心目中最糟糕的电影，完善情节。

为一首说唱歌曲填词，其中包括一名警察、一个坏毒贩和一条狗。

一名儿童和一名成年人在一起写作业，他们是谁？通过他们关于作业的互动，说明两人关系。

埃尔维斯·科斯特洛（Elvis Costello）说，为音乐写文章，就像为建筑编舞。对此展开论述。

采访自己佩服的人，撰写个人简介。

你最近一次重大决策变更。

你在家庭晚宴上最糟的经历。

你最糟的酒吧经历。

你最糟的运动经历。

你最糟的健身房课程经历。

翻到报纸讣告板块，选一个人，想象此人的某个生活场景并展开描述。

从文学作品中选择一个生动却备受煎熬的人物，作为自己的祖父母或曾祖父母来写。
从他们的生活方式中，寻找能揭露家族中过度依赖、上瘾、逃避等问题的源头。

假如你是比尔·盖茨，正致力于依次解决世界上的种种问题。你会优先解决哪个问题？为什么？

列出今生必做之事清单。

祖父的女朋友。

描述自己身体疼痛的一刻。

描述一件你如今在穿、孩子日后想穿的衣服。为什么孩子 20 年后会想穿?

哈佛俱乐部经历。

一个道德困境。

描述一位你每天都见到的人。

描述素未谋面之人。

伊桑·卡宁（Ethan Canin）说，他写《会计》[*The Accountant*，收于故事集《宫殿窃贼》（ *The Palace Thief* ）] 是因为想写一个故事，其中一双袜子起到关键作用。选一个普通物件写故事，使之成为某人迷恋之物。

你是一位电台音乐节目主播，有人递给你一则关于市中心爆炸的预警消息，人们须从该区撤离。
随着电台收到越来越多的消息（或毫无跟进），你在直播中会怎么说或怎么做？

为什么你总是对的、别人总是错的？

卡西诺俱乐部（The Kasino Club）是爱达荷州斯坦利唯一的酒吧，写一个发生在那里寻常的周二晚上的场景。斯坦利人口不足五百，以在美国本土 48 州中最冷著称。

假设你人生不得志，独居，养了一只猫，有一段时间了。
一天，猫忍无可忍，开口说话了。它会说什么呢？

描述如下场景：你在另一座城市的百货商店里，看见了你的一位老师在哭泣。

从最近的窗户看到的 5 件东西。

描述你最爱的运动员。

你为什么喜欢那些鞋子?

她是一位胖夫人，饮食习惯非常讲究，钱包里放着一张 13612 美元的支票，不是开给她的，而是，你知道我想说什么。她很擅长解谜。以她的头发为故事的开头。

成功的光辉。

你的梦中假日。

世界末日。

你最后的呼唤。

我现在不能跟这事扯上关系，不过如果可以，我会说……

重塑你最早的童年记忆。

描述下列场景：一对夫妇陷入婚姻中最严重的争执——傍晚时分，在他们最爱的湖上，在一条小渔船中。引擎坏了，但他们已远离岸边。

向一位有蛀牙的 6 岁孩子解释，牙医会怎样处理蛀牙的洞。

人们还关心大众政治和文化吗？为什么关心 / 不关心了？

你最爱的食谱。

一个人物在家宅中发现了一件隐藏多年的物品。

描述以下场景：一位父亲偶然初遇儿子的女朋友，儿子不在场，他女朋友的年龄与他父亲相仿。

用单音节词改写自己的一篇文章。

描述你祖母的童年。

10 句糟糕的酒吧搭讪语。

10 种关于性爱的委婉语。

你最近遭遇的一次背叛。

写一首歌。

写一名儿童发生在树林中的故事。

你是新上任的自杀热线心理咨询师，描述接听第一个电话时的感受。

你有迷信的事情吗？是什么？从何而来？你怎样遵循的？

向老板解释你为何在一次公司会议中花了五千元，并说明他为何应该补偿你。

詹姆斯·乔伊斯（James Joyce）说，错误是发现之门。你曾经从怎样的错误中获得过顿悟？

给一个孩子写信，说明怎样做一件事（如怎样骑马或挥拳揍人）。

一位翻译不愿翻译被告知的内容。

想方设法将某种事物描绘成"红色"，但不能使用该词本身。

为出售塑料拾狗粪器的电话销售员写一段脚本。

替为非洲饥饿儿童募捐的电话联络员写一段脚本。

生活在一座雪封的小木屋。

在一群海盗中间生活。

事情本应如此。

给你的房东写一封信。

邋遢鬼与洁癖患者成了室友。

写两个老熟人的故事，其中一个心怀秘密。

与姐姐或妹妹一起公路旅行。

你无意间听到关于你的一段对话，而你本不该听到。

描述一位怪异的亲戚的外貌。

你从孩子那里学到的事情。

你一想到就会落泪的事情。

你的避难所在哪儿?

描述自己眼下担忧的事情。

精致复杂的谎言。

你在汽车后座印象最深的经历。

"我们走吧，亲爱的。"他边说边打开灯。他拎着两个露营包，一个很轻，一个很重。车是她的，之前她一直守着钥匙睡。

以瘾君子的视角写一封信。

假想一本你还没写的小说，写一封致读者信。

设定一个人，和他共赴 24 小时的露营之旅。

一位高中优等生在学校偷东西被老师抓住。

从听说的经历中选一段最吓人的，如劫车、混战、打劫，
假设是自己亲身经历的，从当场感受开始写一个故事。

周日晚餐桌上的争执。

你已进入美国小姐选美大赛采访环节，除了世界和平外，你还会告诉评委自己有什么愿望?

在你拥有的东西中，什么会在 20 年中过时? 会被什么取代?

你后悔没进行的谈话。

一场怪病后，你失去了一种感官。是哪一种？发生了什么？你如何应对？

实现彻底满意之初级教程。

赢取姻亲好感之初级教程。

晨起之初级教程。

工作期间偷偷溜走之初级教程。

在高薪和有趣的工作之间做选择是个常见的问题。他选了有趣的工作，谁知酿成大错。

让 MP3 随机播放，写下第一首歌的歌词，作为开场白。

为当代观众改写《葛底斯堡演说》（*Gettysburg Address*）。

你父亲或母亲有一种让你恼怒的习惯，是什么？除你之外，还有谁注意到了？

描述你第一次在海里游泳时听到的声音。

要是你哥哥／弟弟知道你那样说他，一定会把你活剥了。你说了什么？

选择一个你不在场的家庭故事，并选一个叙述者（如你的母亲、哥哥、大姑婆），
采用此人视角描述事件。

令你心碎之事。

在别处醒来。

你说过的、还没被发现的谎言。

为你最喜爱的超级英雄
撰写"遗愿清单"。

你是高中毕业典礼致辞代表，撰写演讲词。

从法院诉状提取事实性资料，或在相关网站调查一下，然后用生动的描述性语言改写。

从你的过去提取一段有影响的重大事件经历（如弟弟妹妹的出生、摔断胳膊、家庭公路旅行、离婚），然后更换场景，安排你的叙述者经历这段故事。

假如一年无法说话，你将如何与人沟通？这对你的人际关系将造成怎样的影响？哪些话你会
留到年终说？

这是他第一次与人发生争斗，竟然是在一个 _____。

大声斥责讨厌的事物——尽情地说，然后改写，劝说另一个人也产生这种情感。

两人走进一家酒吧……

完美的一餐。

创造一个假想的朋友（是否为人类均可）。

你是 19 世纪 90 年代的俄国农民，没有食物。革命一触即发，
保皇派为你提供食物以争取同盟，你会怎么做？

为坏习惯找借口。

你为何忘了还信用卡。

细致描述最无聊的事情。

描述最近一次
去诊所或医院的经历。

编一则冷笑话，然后写进故事里。

概括你家狗狗的生活，不超过 4 个自然段。

在安静的地方坐 15 分钟——如溪边、教堂庭院和空旷地——打开所有感官，
写下注意到的事情。

将"我的第一 _____"这句话补充完整并续写。

那次你尿裤子了。

二婚。

详尽描述一件日常用品——一个水果、一瓶水或一只磨损的旧钱包。

以"每个人都在私底下说 _____，但没有谁鼓起勇气去和她说话。"这句话开篇写一个故事。

假设你 8 岁，
你会对自己说什么?

假设你 90 岁，
你会对自己说什么?

你最可怕的噩梦是什么?

作一首浴室墙面打油诗。

何谓公开，何谓隐私？哪些事情应该是公开的，哪些事情应属于隐私？
在当代，这些词语意味着什么？

写一写自己所属的群体，分别描述你自身能体现的以及颠覆的群体刻板印象。

为某件时隔已久的家庭活动做笔记，然后就该活动对家中每位成员进行采访。写一篇故事，将重心放在两人记忆的不同之处上。

喝一种啤酒，描述滋味。

那天她很狂乱。

今天在公交车上、买午餐排队或在街上时留心别人的聊天。
人们说了什么？听起来给人什么感觉？

采访一位你自认为非常了解的人，询问从未问过的问题。

分别写下 5 年、10 年、30 年后自己会担心的事。

以短篇小说形式，改写你最近听到的一则笑话。

选取一件自己经历过的事件，用超慢动作分解，并将自己的想法融入其中。

写一个糟糕的迪士尼场景。

为一本名著写篇负面书评。

你做过最坏的事情。

你经历过最糟糕的事情是什么？

尽可能延长一段较短的互动（如买咖啡、与接线员谈话）。

选一位感兴趣的人，将跟踪此人回家的经历写成故事。

为高中啦啦队编写 10 条新的加油口号。

以这句话为开篇写故事：从那时起，他不再相信 _____。

一段恋情的尾声。

失踪的程序员。

我并不后悔。

一个房间都是想同床共枕的人。

谁是《爱之书》（*Book of Love*）的作者？
为何创作此书？里面有哪些内容？

为幸运小饼干的纸条写 10 句话。

以小时为单位，描述你一天的生活。

尚未查明的著名罪案。

以"那天，妈妈打碎了家中每一个盘子"这句话开篇写故事。

她用了五百万年时间才选定一块三明治，但当 _____ 求婚时，她知道自己会嫁给他，她的亲朋好友一致认为这是个错误的决定。这片混乱局面是这样来的……

假设你是天行者卢克（Luke Skywalker，《星球大战》电影人物。——译者注），以不同文风为自传写出不同开篇段落。

假设你是死神，用三种不同风格为自传写出不同的开篇段落。

救生筏只能坐得下 10 人，说服船长你应入选。

回忆你和一位朋友最近的对话。

在同一个地方坐 20 分钟，重点记录听到的声音。

你在地球上的最后一年。

你已在一座岛屿上被困 5 年，描述一天的日常。

写一个在高温中发生的场景。

写一个在严寒中发生的场景。

你做过的最艰难决定是什么?

描写一个怪人的行为。

采访你最年迈的亲戚。

手持科技产品（如手机、MP3）是怎样影响公众社交行为和公共场合互动的？
怎样影响日常街头生活及我们与陌生人沟通的能力？

你的故事人物皮肤过敏，尽可能将描述重点放在触觉上。

你最昂贵的东西是什么？购买时有何感受？

离家。

你出现在晚报上，写一个短篇故事解释缘由。

以 45 岁洛丽塔的口吻，致信年迈的亨伯特·亨伯特，告诉他对自己童年的毁灭性影响。

你让别人哭泣的一次。

别人让你哭泣的一次。

在那之前或从此之后，
我再也没有过这样的感觉……

你开始恋爱的第一个夏天。

一个孩子在悬崖边上扔石头，砸中了一个人的脑袋。听到尖叫，孩子跑下去找到了那人的登山同伴，得知此人已死。写出孩子和逝者同伴之间的对话。

写一条漂流瓶留言，再写捡到了它的人。

以"当时看似不算什么……"开篇写故事。

以联觉（一种感官激发另一种，如听到声音就能看到声音的颜色）者的视角写一个故事。

一封写起来让你万分痛苦的信。

你是一名青少年，朋友约你在一个大家公认不安全的涵洞碰面。
你是怎么偷偷溜出家门的？到达之后发生了什么？

详细描述脑海中一幅挥之不去的画面并解释该画面为何始终存在。

一位护士非常讨厌自己分配到的病人。以她的视角写一个故事。

你是超级英雄，拥有怎样的超能力？打算如何使用？

以"我从未告诉过任何人……"为开篇写故事。

你希望登上今天《纽约时报》的十大头条以及期待它们见报的理由。

那一夜发生了什么。

这就是在众人眼中 _____ 的生活。

这就是 _____ 真实的生活。

以一个糟糕的笑话开篇写故事。

为一本连环画分镜头。

给已分手的恋人写封情书。

一名无家可归者在公交车上睡着，深夜醒来时，发现自己在安静的处所，"躺在轨道另一侧"。以此人视角写故事。

以沦落到最穷街区的富有股票经纪人视角，改写上述故事。

打开药箱，列出每一种药片、药膏和其他药品。
它们分别用于治疗哪些病症？全部用上会产生怎样的致命效果？

写一个故事，每句话都以字母表的不同字母开始，
从 a 开始，然后按照 b、c、d 等顺序写下去。

一种让你心潮澎湃的味道
以及你初遇它的时刻。

第一次发生性关系。

你最贫困的时候。

你最富足的时候。

观察球赛的三名观众，将每一位分别描述成不同的动物。

你与一位陌生人最引人入胜和／或最意外的谈话。

用平淡语气描述非凡之事。

以情感两极者的视角描述两次观马戏经历：一次处于躁狂状态，一次处于抑郁状态。

写一个场景，以两人持对立观点告终。

科学家宣称，他们发现了永生的秘密。为保留死亡写一封请愿书。

去一家垂涎已久的新饭馆，饱餐一顿，回家后以卧底美食家身份写一篇评论。

尽可能多地罗列出你能想到的陈词滥调和格言警句，回头选出自己常说的开始创作。

某天，你顺应每一个冲动、答应每一个邀请。如果一天将尽时还没累趴下，写下这段经历以及你最后的状态。

编造一个《花生》漫画人物，描述该人物与《花生》中的其他人物互动的场景。

写下你所住街区的 20 条细节。

用上述全部细节，更换地点写一个场景。

列出会惹怒你的事情。

从左栏选一件事情写下来。

你失忆了。

怎样从 A 处到达 B 处……
以及你为何也许不想这样走。

你是一位当代的好莱坞制片人，给詹姆斯·乔伊斯写信，提议怎样改编《尤利西斯》使之更"适合拍电影"，如增加动作顺序、打造大团圆结局、提议可使用电脑特效的镜头，并推荐适合其中角色的当红明星和适合当配乐的流行摇滚曲目。

为某餐馆撰写菜单——包括菜名、口味和原料描述，然后再改写为配送菜单，后者长度仅为前者一半，但依然需要诱人。

你是海盗，描述你的完美一天。

你最大的秘密是什么？如果被人发现会怎样？

回想过去，你最亲密的一段关系。

作一首洋葱颂。

你曾坚信不疑的最蠢的事情是什么?

你未能说出口的机智回答。

找一本书,以貌取"书"。
它的护封是什么样子的?

写一封勒索信。

给高中毕业生的最佳建议。

关于你，亲戚常说哪件尴尬事？分享一下。

从今日新闻中选一个故事，想象文中提及的某位人物当天早餐时读这篇报道的场景，并描述之。

你的初吻。

你第一次分手。

假设你婚姻幸福，但某天突然爱上了另一个人。发生了什么？

为自己写讣告。

图书在版编目（CIP）数据

642 件可写的事：停不下来的创意冒险 / 美国旧金
山写作社著；徐阳译 . —— 成都：四川文艺出版社，
2019.2（2021.7 重印）
ISBN 978-7-5411-4882-8

Ⅰ . ① 6… Ⅱ . ①美… ②徐… Ⅲ . ①写作学 Ⅳ .
① H05

中国版本图书馆 CIP 数据核字 (2018) 第 261919 号

642 THINGS TO WRITE ABOUT
by San Francisco Writers' Grotto
Text Copyright © 2012 by Chronicle Books LLC
First published in English by Chronicle Books LLC, San Francisco, California.
This edition arranged with CHRONICLE BOOKS
through Big Apple Agency, Inc., Labuan, Malaysia.
Simplified Chinese translation copyright © 2019 by Ginkgo (Beijing) Book Co., Ltd.
All rights reserved.

版权登记号 图进字：21-2018-559

642JIAN KE XIE DE SHI

642 件可写的事
停不下来的创意冒险

美国旧金山写作社　著

徐阳　译

出 品 人	张庆宁		
选题策划	后浪出版公司	出版统筹	吴兴元
编辑统筹	王　頔	责任编辑	邓　敏
责任校对	汪　平	特约编辑	王婷婷　张　怡
装帧制造	墨白空间・肖　雅	营销推广	ONEBOOK

出版发行	四川文艺出版社（成都市槐树街 2 号）
网　　址	www.scwys.com
电　　话	028-86259287（发行部）　028-86259303（编辑部）
传　　真	028-86259306

邮购地址	成都市槐树街 2 号四川文艺出版社邮购部 610031		
印　　刷	北京盛通印刷股份有限公司		
成品尺寸	172mm×240mm	开　本	16 开
印　　张	19	字　数	80 千字
版　　次	2019 年 2 月第一版	印　次	2021 年 7 月第十一次印刷
书　　号	ISBN 978-7-5411-4882-8		
定　　价	55.00 元		

本书题目贡献者：

Molly Antopol	Tom Barbash
Natalie Baszile	J.D. Beltran
Po Bronson	Xandra Castleton
Marianna Cherry	Chris Colin
Chris Cook	Stephen Elliott
Isaac Fitzgerald	Laura Fraser
Susie Gerhard	Melanie Gideon
Connie Hale	Noah Hawley
Rachel Howard	Gerard Jones
Diana Kapp	Connie Loizos
Kathryn Ma	Jordan Mackay
Anne Marino	Josh McHugh
Ashley Merryman	David Munro
Janis Newman	Peter Orner
Caroline Paul	Jason Roberts
Julia Scheeres	Justine Sharrock
Meghan Ward	Ethan Watters
Matthew Zapruder	